GUÍA DE LECTURA

¿Deseas saber más?

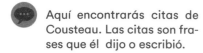

Aquí encontrarás citas de Cousteau. Las citas son frases que él dijo o escribió.

¿Deseas saber más?
Junto a la aleta de ballena obtendrás más información sobre Cousteau.

¡Correo para ti!
En este libro hay cartas con las que aprenderás mucho sobre las expediciones del *Calypso*, el barco de Cousteau.

¿Este tema te interesa?
Aquí descubrirás historias y contenidos apasionantes.

¿A veces piensas en el mundo que nos rodea?
Junto al mundo encontrarás preguntas para las que cada uno tiene su propia respuesta. ¿Cuál es la tuya?

Con la colección Unicornio, desde Vegueta queremos realizar nuestra particular aportación al proyecto universal más apasionante que existe, el de la educación infantil y juvenil. Como una varita mágica, la educación tiene el poder de iluminar sombras y hacer prevalecer la razón, los principios y la solidaridad, impulsando la prosperidad.

Genios de la Ciencia, la serie de biografías de científicos e inventores, pretende aproximar a los niños a aquellos grandes personajes cuyo estudio, disciplina y conocimiento han contribuido al desarrollo y a la calidad de vida de nuestra sociedad.

Nuestro especial agradecimiento a Jan Cousteau por su colaboración y generosidad al ceder desinteresadamente la carta que le envió Philippe Cousteau en 1967, adjunta en este libro.

Autor: **Philippe Zwick Eby**
Ilustraciones: **Chaaya Prabhat**
Diseño y maquetación: **Philippe Zwick Eby**

© Vegueta Ediciones
Roger de Llúria, 82, principal 1ª
08009 Barcelona
General Bravo, 26
35001 Las Palmas de Gran Canaria
www.veguetaediciones.com

© Carta de Philippe Cousteau: Jan Cousteau

ISBN: 978-84-17137-32-8
Depósito Legal: B 10968-2019
Impreso y encuadernado en España

GENIOS DE LA CIENCIA

COUSTEAU

EL DESCUBRIDOR DE LOS MARES

AUTOR PHILIPPE ZWICK EBY
ILUSTRACIONES CHAAYA PRABHAT

Vegueta Unicornio

Bonjour!
Mi nombre es Philippe. Tengo cinco años.
Esta es mi familia.
Somos la familia Cousteau.

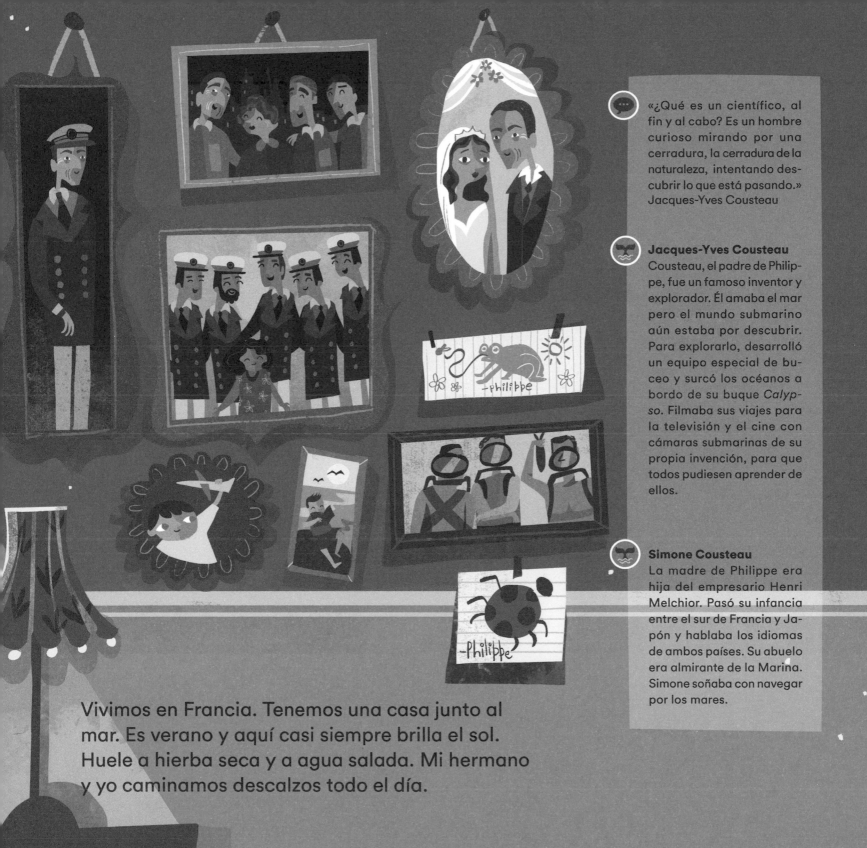

«¿Qué es un científico, al fin y al cabo? Es un hombre curioso mirando por una cerradura, la cerradura de la naturaleza, intentando descubrir lo que está pasando.»
Jacques-Yves Cousteau

Jacques-Yves Cousteau
Cousteau, el padre de Philippe, fue un famoso inventor y explorador. Él amaba el mar pero el mundo submarino aún estaba por descubrir. Para explorarlo, desarrolló un equipo especial de buceo y surcó los océanos a bordo de su buque *Calypso*. Filmaba sus viajes para la televisión y el cine con cámaras submarinas de su propia invención, para que todos pudiesen aprender de ellos.

Simone Cousteau
La madre de Philippe era hija del empresario Henri Melchior. Pasó su infancia entre el sur de Francia y Japón y hablaba los idiomas de ambos países. Su abuelo era almirante de la Marina. Simone soñaba con navegar por los mares.

Vivimos en Francia. Tenemos una casa junto al mar. Es verano y aquí casi siempre brilla el sol. Huele a hierba seca y a agua salada. Mi hermano y yo caminamos descalzos todo el día.

Durante el día vamos a bucear.
Mi papá puede contener la respiración mucho tiempo. ¡Bucea a casi 100 metros de profundidad!
Papá está fascinado por la vida submarina. Quiere explorar el fondo del mar y los océanos, ¡por eso ha inventado un dispositivo que permite respirar bajo el agua! A su invento lo llama «Aqua-Lung», que significa «pulmón de agua».
Con el pulmón de agua nadamos como peces.
—¡Somos peces humanos! —nos dice papá, riendo.

Escafandra
El equipo de buceo en la época anterior a Cousteau era muy grande y pesado. Los buceadores apenas se podían mover. Llevaban un casco de metal y estaban conectados al barco con una manguera. A través de la manguera se bombeaba oxígeno desde el barco al casco.

«Si quieres estudiar peces, lo mejor es convertirte en pez.»
Jacques-Yves Cousteau

El «Aqua-Lung»

Junto al ingeniero Émile Gagnan, Cousteau desarrolló un dispositivo al que llamó «Aqua-Lung». El dispositivo consistía en bombonas que contenían aire comprimido. Cousteau se ataba estas bombonas a la espalda. A través de una boquilla, que se unía con una manguera a las bombonas, respiraba aire. De esta manera se podía respirar bajo el agua durante más de media hora.

Respirar bajo el agua

Para sobrevivir, las personas necesitamos oxígeno. Los seres humanos inhalamos aire por la nariz o por la boca. El oxígeno del aire se filtra en los pulmones y de ahí se envía al torrente sanguíneo. En el agua, sin embargo, hay muy poco oxígeno. Los peces tienen branquias para filtrar el oxígeno del agua, pero el ser humano no puede hacerlo. Para permanecer bajo el agua sin asfixiarse, los humanos necesitan una fuente directa de oxígeno.

Las primeras películas

Cousteau era un fanático de las películas. Siendo niño juntó sus ahorros para comprarse una pequeña cámara de cine. Con trece años ya filmaba cortometrajes. También escribía pequeños guiones sobre gánsteres, demonios, caballeros y *cowboys*. Su familia y sus amigos tenían que participar en los rodajes. Él era el actor principal, el director y también el cámara.

Cámara submarina

Para captar la belleza del mundo submarino, Cousteau inventó una cámara que funcionaba bajo el agua. Se trataba de un aparato de pequeñas dimensiones metido en un tarro de mermelada. Con aquella cámara submarina filmó sus primeras películas bajo el agua. Más adelante diseñó modelos más complejos y con ellos llegó a filmar películas de calidad profesional.

Por la noche vemos las películas que grabó papá cuando era pequeño. Tratan de villanos. Él siempre interpreta el papel principal. Son divertidas y nos hacen reír.

El suelo todavía está caliente. Escucho los grillos grillar. La noche oscura me resulta agradable. Cuando sea mayor, yo también quiero rodar películas.

Viajes por el mundo

Cuando acabó la escuela, Cousteau se alistó en la Marina francesa. Navegó por todo el mundo en su barco y filmó casi todo lo que iba descubriendo en sus viajes. En China observó a los pescadores que capturaban peces con las manos. En Estados Unidos filmó a las estrellas de Hollywood. Para la Marina tomó imágenes del submarino francés *Rubis* probando torpedos. Uno de los torpedos explotó a solo dos metros de donde él se encontraba.

«El requisito para el conocimiento es la curiosidad.»
Jacques-Yves Cousteau

Mi padre tiene un taller muy grande. En él se pueden
encontrar las cosas más extraordinarias.
El taller es mi escondite secreto.

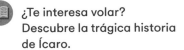
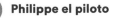

—¡Aquí hay todo un mundo por descubrir!—
me susurra papá, entusiasmado—.
Cuando yo tenía tu edad, quería volar —me expli-
ca—, ¡como los pájaros en el cielo!
A veces, me imagino a mi padre volando sobre
el mar y a mí volando con él.
De mayor quiero ser piloto.

¿Te interesa volar?
Descubre la trágica historia
de Ícaro.

Philippe el piloto
Cuando Philippe tenía 16
años, obtuvo la licencia para
pilotar planeadores. A Philippe le encantaba volar. A
los 38 años, hizo una prue-
ba previa de vuelo sobre el
río Tajo, cerca de Lisboa. Al
día siguiente, tenía previsto
volar hasta Martinica para
emprender una nueva expe-
dición. Pero su avión PBY co-
lisionó y se hundió en el agua.
Philippe murió. Seis meses
después, su esposa Jan dio
a luz a su hijo. Ella le puso el
nombre de Philippe Junior.

Otto Lilienthal
El inventor alemán Otto
Lilienthal fue probable-
mente el primer humano
que voló. Lilienthal observó de cerca cómo volaban
las aves y la forma de sus
alas. Construyó numerosas
máquinas voladoras y con
ellas llegó a planear por el
aire hasta 250 metros. El 9
de agosto de 1896, Otto Lilienthal se estrelló con una
de sus máquinas voladoras.
Murió de heridas graves.

¿Por qué sueñan las
personas con volar?

—¿Por qué ya no vuelas? —le pregunto a papá.
—Hmmm... —contesta—. Tuve un grave accidente de coche. Me rompí el brazo por varios sitios. Aquello acabó con mi sueño de volar.

Formación como piloto
Cousteau era oficial de la Marina, es decir, trabajaba como marino en un barco. En realidad, él quería ser piloto y comenzó a estudiar para conseguirlo. Sin embargo, tuvo un grave accidente de coche que acabó para siempre con su sueño de volar.

El accidente
Cousteau iba en coche a ver a su futura esposa, Simone. Llovía y había muchas curvas. Cousteau conducía demasiado deprisa. Su coche patinó y cayó en una zanja. Resultó gravemente herido, apenas se podía mover. Tardó meses en reponerse del accidente y su brazo nunca se recuperó del todo.

Los *mosquemares*

Philippe Tailliez le dio un consejo a Cousteau: «¡Tienes que nadar en el Mediterráneo! Será bueno para tu brazo». Cousteau siguió el consejo y comenzó a nadar regularmente. Su brazo se fortaleció.

El oficial Philippe Tailliez era un gran buceador e inventor y le presentó a Cousteau a su amigo Frédéric Dumas. Frédéric Dumas podía bucear muy profundo y era un maestro de la pesca submarina. Cousteau, Tailliez y Dumas se hicieron íntimos y buceaban juntos siempre que podían. Se hacían llamar «Los mosquemares», es decir, los mosqueteros del mar, en honor a la novela *Los tres mosqueteros* del escritor Alexandre Dumas.

—¿Y te entristece no poder volar? —le pregunto.
Él sonríe.
—¿Triste? No, no, nada de eso. ¡Ahora vuelo bajo el agua!
Buceo todos los días con mi padre y sus amigos, los mosquemares.

Aletas

Tailliez se construyó aletas para nadar más rápido. Con ellas sus pies se hacían más grandes, como los de una rana.

Gafas de buceo

Para pescar, Tailliez se ponía unas gafas de aviador. De esta forma podía ver bajo el agua con nitidez. Cuando Cousteau buceó por primera vez con gafas de aviador, ¡descubrió un nuevo mundo!

Esnórquel

A través de un tubo o esnórquel los buceadores pueden respirar bajo el agua. Tailliez utilizaba una manguera de jardín curva como esnórquel.

El *Calypso*

Un empresario británico le regaló a Cousteau un barco dragaminas de 42 metros de eslora (es decir, de largo). Simone vendió todas sus joyas para conseguir el dinero necesario para convertir, junto con mucha otra gente, el dragaminas en un buque de investigación. Cousteau llamó al barco *Calypso*. Pasó a ser el nuevo hogar de Simone.

La Odisea

El nombre de *Calypso* proviene de la mitología griega. El escritor griego Homero cuenta en su libro *La Odisea* la historia de un héroe sabio y valiente, Ulises. Calypso es el nombre de una ninfa marina que vivía en la isla Ogigia y que estaba enamorada de Ulises.

Un día llega papá entusiasmado a casa.
—¡Tenemos un barco! —exclama—.
Acompañadme, ¡os lo enseñaré!
El barco es horroroso. Está viejo y roto.
Trabajamos todo el verano en su reparación.
Al principio solo somos cuatro, los cuatro Cousteau.
Pronto, sin embargo, empiezan a ayudarnos
otros hombres desconocidos.

Poco a poco el barco comienza a resplandecer
en blanco brillante. Papá lo llama *Calypso*.
—¡Esta es nuestra nueva casa! —grita
alegremente papá—. ¡Zarparemos en una semana!

«Si quieres construir un barco, no empieces por buscar
madera, cortar tablas o distri-
buir el trabajo. Evoca primero
en los hombres y mujeres el
anhelo del mar libre y ancho.»
Antoine de Saint-Exupéry

¿Tienes tú también tantas
metas en la vida como Cousteau? ¿Cuáles?

Expedición al mar Rojo
La primera expedición de *Calypso* fue al mar Rojo. El mar Rojo se encuentra entre Asia y África. En el mar Rojo había muchos tiburones y maravillosos arrecifes de coral. Los científicos tomaban muestras de agua y las analizaban directamente en el barco. Cousteau filmó toda la expedición.

Una semana más tarde, papá y mamá botan el *Calypso* al mar. Papá ve cumplido su sueño y se convierte en explorador de los mares. Filma todo lo que descubre en sus expediciones.

«Cada explorador que he conocido ha estado motivado -no por coincidencia sino por excelencia- por curiosidad, por una decidida, insaciable e incluso exultante necesidad de saber.»
Jacques-Yves Cousteau

La tripulación del *Calypso*
Cousteau contaba en su barco con una tripulación de casi veinte personas entre marineros, científicos y operarios de cine.
En un barco, el marinero es el encargado de limpiar, reparar, vigilar y anclar el barco. Por su parte, el capitán o patrón se encarga de llevar el timón y marcar el rumbo. En un naufragio, el capitán no abandonará el barco hasta que estén a salvo todos los pasajeros.

¿Conoces el poema «Canción del pirata» de José de Espronceda?

Jean-Michel Cousteau
Jean-Michel era el hermano mayor de Philippe. Ambos estudiaron en el internado École des Roches pero allí vivían en edificios diferentes y apenas se veían. Durante las vacaciones viajaban juntos a donde se encontrase el *Calypso*.

A mi hermano y a mí nos obligan a quedarnos en un internado. Es horrible.
No nos dejan bucear.
No nos dejan caminar descalzos.
No nos dejan jugar.

Los profesores son muy duros conmigo.
Echo de menos a papá y mamá.
Por la noche lloro bajo las sábanas de mi cama.

 Descubridores

Hace algo más de 500 años, los europeos no sabían cómo era el resto del mundo. Todavía no conocían ni América ni Australia. Muchos pensaban que el mundo era plano. A lo largo de la historia, distintos exploradores muy valientes realizaron peligrosas expediciones en las que fueron descubriendo el mundo. Ellos escribían y dibujaban sus observaciones para darlas a conocer en Europa.

Cristóbal Colón descubrió América en 1492.

James Cook fue un famoso marino británico y el primer europeo en navegar por la costa este de Australia y las islas de Hawái.

Roald Amundsen fue uno de los grandes exploradores de las regiones polares.

¿Por qué dejan Simone y Cousteau a sus hijos solos en un internado?

Expedición al Golfo Pérsico
En esta expedición Cousteau filmó su primer largometraje. Instaló en el *Calypso* un estudio de cine y compró nuevas cámaras y focos. El cineasta Louis Malle le acompañó. A bordo también iba el perro salchicha *Bull*.

De vez en cuando recibo cartas de mamá.
En ellas me cuenta las expediciones y sus emocionantes aventuras en países lejanos.
Escribe sobre los animales del mar.
Me gustaría estar allí con ellos.

¡Carta para Philippe!
Simone le escribió a Philippe una carta desde el mar Rojo. En ella puedes leer lo que la tripulación del *Calypso* experimentó en la expedición.

THE SILENT WORLD
CAPTAIN J.Y. COUSTEAU

El primer libro
En 1953 Cousteau escribió con Dumas su primer libro, *El mundo del silencio*, en el que contaba sus inicios con el buceo. Tuvo un gran éxito: ¡el libro se tradujo a más de veinte idiomas y se vendieron cinco millones de copias!

¿Conoces el emocionante libro *Veinte mil leguas de viaje submarino* del escritor Julio Verne?

«Muchas noches he soñado que volaba, extendiendo los brazos como si fuesen alas, pero ahora volaba verdaderamente sin poseerlas.»
Jacques-Yves Cousteau

Gente de todo el mundo ve las películas
de mi padre en el cine o en la televisión.
Ahora es muy famoso.
Le llaman comandante Cousteau.

**La primera película
documental bajo el agua**
Cousteau hizo con Louis
Malle su primer largome-
traje al que también tituló
El mundo del silencio. La película ganó la Palma de Oro
del Festival de Cannes y obtuvo el Óscar de Hollywood
en 1956 como mejor película
documental.

El director
Louis Malle fue un famoso director francés. El director es
el responsable del rodaje y la
realización de las películas.
El director les dice a los acto-
res cómo deben actuar fren-
te a la cámara. También le
indica al camarógrafo cómo
filmar las escenas. En resu-
men: el director es el jefe.

¡Carta para Philippe!
Simone le escribió a Philippe
una postal desde el Golfo
Pérsico. En ella le habla de
una merluza cariñosa.

Philippe se hace cineasta

Cuando acabó el colegio Philippe se marchó a Estados Unidos a estudiar ingeniería eléctrica, pero al cabo de un año dejó los estudios para irse a París. Quería convertirse en cineasta, como su padre. En la mayor parte de las películas de Cousteau, Philippe era el primer cámara. Más adelante también filmaría sus propios proyectos.

Bote submarino

Cousteau y el ingeniero Jean Mollard desarrollaron el bote submarino *SP-350 Denise*. Cousteau y su tripulación lo llamaron *platillo sumergible* porque parecía un platillo volante. El platillo sumergible tenía capacidad para dos personas y podía desplazarse bajo el mar a una profundidad de 400 metros.

¡Carta de Philippe!

Philippe le escribió a su mujer Jan muchas cartas sobre las expediciones en el *Calypso*. ¡Encontrarás una de ellas en este libro!

Por fin he acabado mis estudios. ¡Ahora yo también soy cineasta! Trabajo con mi padre a bordo del *Calypso*. Juntos descubrimos y filmamos el mundo secreto submarino.

—¿Te gustaría participar en uno de mis experimentos? —me pregunta mi padre.

—¡Claro! —le contesto.

Durante 28 días vivo en una instalación submarina. Se llama *Conshelf III* y está a cien metros de profundidad. Yo me encargo de filmar el experimento para la televisión.

Vivir bajo el agua

Cousteau soñaba con ciudades bajo el agua. Estaba convencido de que las personas podían vivir y trabajar bajo el mar. Para demostrarlo llevó a cabo tres famosos experimentos llamados *Conshelf*.

Conshelf I

En 1962 comenzó el primer experimento *Conshelf I*. Dos buzos vivieron siete días en una instalación submarina a diez metros de profundidad.

Conshelf II

Un año más tarde en el mar Rojo, cinco oceanautas y un papagayo vivieron cuatro semanas a una profundidad de once metros. Esta experiencia inspiró la película *Un mundo sin sol*.

Conshelf III

En 1965, seis buzos, entre los que se encontraba Philippe, vivieron 28 días a cien metros de profundidad en una estación submarina.

«Que este continente, el último explorado por la humanidad, sea el primero en ser respetado por ella.»
Jacques-Yves Cousteau

En la Antártida observamos a los gigantes de los mares: las ballenas, unas criaturas inteligentes y majestuosas.

Expedición a la Antártida

En 1972 Cousteau exploró la Antártida. El proyecto era peligroso porque el *Calypso* no estaba preparado para este tipo de expedición. La tripulación tuvo que tener mucho cuidado para que el barco de madera no se congelara. El hielo hubiese destruido el *Calypso*. El equipo tuvo que lidiar con tormentas y un clima helado. A pesar de todo se vieron recompensados: en el paisaje intacto e impresionante pudieron observar focas, pingüinos, calamares y ballenas jorobadas. Philippe filmó el paisaje desde un globo de aire caliente, y bajo la capa de hielo con el platillo submarino.

La serie de televisión

La expedición a la Antártida no se proyectó en el cine, sino directamente en la televisión. La serie de televisión de Cousteau *El mundo submarino de Jacques Cousteau* fascinó a los espectadores durante muchos años.

Las ballenas

Las ballenas son los animales más grandes que existen hoy en día. Viven en el mar pero no son peces, sino mamíferos. Las ballenas tienen pulmones y para inhalar aire están obligadas a salir con frecuencia a la superficie. Son animales inteligentes y sociales que se comunican en su propio idioma, *el canto*. Viven en grupos, también llamados *vainas* o *manadas*.

El plancton

Algunas de las ballenas más grandes, por ejemplo las ballenas azul y de aleta, se alimentan de los organismos más pequeños del mar, el plancton. El plancton está formado por crustáceos que se desplazan con la corriente del agua. Las ballenas filtran del agua estos pequeños animales con ayuda de sus barbas.

Océanos en peligro
El maravilloso mundo submarino que descubrieron Cousteau y Philippe ya no existe. Los humanos han explotado y contaminado los mares.

Sobrepesca
El pescado es saludable, sin embargo, consumimos más pescado del que el mar puede darnos, por lo que los peces no tienen tiempo para reproducirse. Esta práctica se llama sobrepesca. Algunos peces que nos sirven de alimento, como el bacalao o el atún, están en peligro de extinción.

Petróleo
Todavía hay mucho petróleo bajo el mar. Cuando las compañías petroleras lo extraen, ocurren accidentes y el petróleo negro se vierte en el mar y mata corales, peces y pájaros.

Plástico
Los humanos usan el mar como basurero. Cada año se vierten varios millones de toneladas de residuos de plástico al mar. Algunos peces quedan atrapados en las viejas redes de pesca que flotan en el mar y se asfixian. Además los trozos de plástico son tan pequeños que las criaturas del mar se los tragan y pueden morir.

Cuando regresamos a Francia, después de la larga y emocionante expedición, nuestro amado paraíso bajo el agua parece otro.

«El agua y el aire, los dos fluidos esenciales de los que depende la vida, se han convertido en los basureros del planeta.»
Jacques-Yves Cousteau

¿Tiene el ser humano derecho a destrozar el hábitat de otros seres vivos?

«Deberíamos tomar como ejemplo a los delfines. En el curso de la evolución han desarrollado dos habilidades muy importantes para su preservación: la sabiduría y la unión.»
Jacques-Yves Cousteau

La protección de la Antártida

Las más grandes empresas petroleras del mundo quisieron recorrer la Antártida en busca de petróleo. Cousteau consiguió reunir un millón de firmas para detener la explotación de ese continente por parte de las petroleras. Se reunió con políticos de todo el mundo y consiguió que se aprobara un protocolo que protege la Antártida. Este limita su explotación a fines científicos y permanecerá en vigor hasta el año 2048.

¡He encontrado mi misión! Con mi padre, el comandante Cousteau, voy a luchar para proteger los mares. ¡No tenemos tiempo que perder!

¿Cuál es tu misión en el mundo?

EL PROTAGONISTA

1910

El 11 de junio de 1910 nació Jacques-Yves Cousteau en Francia. Su familia la formaban sus padres, Daniel y Elizabeth, y su hermano mayor, Pierre-Antoine. Desde París viajaban a menudo a otros lugares.

1914

El pequeño Cousteau era un niño enfermizo, callado y tímido que aprendió a nadar a los cuatro años.

1923

Cousteau se compró con sus ahorros una cámara de cine de segunda mano que funcionaba con una manivela y comenzó a filmar sus propias películas.

1943

En el verano de 1943 Cousteau desarrolló el primer «Aqua-Lung», con el que podía respirar bajo el agua durante más de media hora.

1950

En 1950 Cousteau se hizo con un viejo barco dragaminas de 42 metros de eslora. Cousteau y Simone Melchior dejaron su casa para trasladarse a él.

OTROS GENIOS DE LA CIENCIA

Siglos IV y V a. C.

355—415

1643—1727

1856—1943

Arquímedes
Todo principio tiene un principio

Hipatia
La gran maestra de Alejandría

Isaac Newton
El poder de la gravedad

Nikola Tesla
El mago de la electricidad

1956	1962—65	1972	1989	1997

Cousteau produjo con Louis Malle su primer largometraje, *El mundo del silencio*. La película ganó la Palma de Oro del Festival de Cannes y el Óscar de Hollywood en 1956 como mejor película documental.

Cousteau llevó a cabo tres famosos experimentos llamados *Conshelf:* unas instalaciones submarinas en las que vivían y trabajaban los buzos.

En 1972 Cousteau exploró la Antártida. El proyecto era peligroso. Se encontraron con un paisaje intacto e impresionante.

Cousteau consiguió reunir un millón de firmas para detener la explotación de la Antártida. El protocolo limita su explotación a fines científicos y permanecerá en vigor hasta el año 2048.

Cousteau murió el 25 de junio de 1997. Durante su vida publicó numerosos libros y filmó más de cien películas. El descubridor de los mares, con su gorro de lana rojo, era mundialmente famoso.

1878—1968	1934	1910—1997	1955—2011

Lise Meitner
La física que inició la era atómica

Jane Goodall
La mejor amiga de los chimpancés

Cousteau
El descubridor de los mares

Steve Jobs
El inventor del mañana

NW N NE

W E

SW S SE